ISBN 978-0-244-20448-8
Copyright standard di Lin Schiavo Pontalto 2019
Prima edizione 24 luglio 2019

Lin Schiavo Pontalto

La vita
è
un'antica novità

Silloge poetica

Lulu

Prefazione

Il titolo, apparentemente enigmatico, che la Poetessa dà alla sua opera , è, invece, altamente significativo. Il senso recondito si va palesando – di verso in verso, di parola in parola – in un percorso descrittivo del duro calvario attraverso i misteriosi meandri, le ardite stalattiti e le stalagmiti, di quella sconfinata caverna che è l'Essere.

Non credo sia casuale che la silloge si apra con una lirica dedicata al fratello Benny, vale a dire a colui che, nella poetica della Schiavo Pontalto, può essere considerato la metafora per assoluto, il crocevia naturale di grandi tematiche quali: la vita e la morte; il senso e il non senso dell'esistere; il vuoto e il pieno; la significanza e l'insignificanza; la solitudine e la folla; il buio e la luce; la dimenticanza e la memoria. Benny è morto, Benny è evaporato, mescolandosi all'universo, Benny, come nella sua spontanea attitudine al volo, ha travalicato un'altra frontiera dell'essere, del potere essere, o dell'essere nulla, poiché null'altro, oltre il nulla, pare che sarebbe possibile a chi nasce, cresce, e poi muore.

Tutto si è fermato in un attimo

Tutto il tempo si è consumato in un istante, l'istante di un furto, l'istante di un volo, l'istante di un solo battito di ali ferite, l'istante di una morte, della morte di una persona cara, che era apparsa a lei il segno visibile, unico forse, della leggerezza del vivere, del vivere sopra le righe per non rimanerne ingabbiato, prigioniero per sempre. È il tempo crudele di un attimo che porta via tutto quanto il tempo aveva fin lì rappresentato sul suo incerto proscenio. Benny diventa così la rappresentazione dell'agnello sacrificale, dell'Isacco nell'atto estremo dell'essere immolato sull'altare voluto dal destino che chi nasce nel tempo cronologico poi muore in un altro tempo senza fine, l'alfa e l'omega del destino esistenziale, lungo e breve nel contempo:

È come se aprissi le tue ali, / allarghi le braccia per abbracciare il mondo. / Benny, quel mondo incantato se n'è andato via.

Era tutto il mondo di Lei Benni? Sì, egli era il suo "mondo incantato", un mondo fatto di luoghi sempre diversi, di fiondanti fughe per non ripetersi, per trovare sempre cose nuove, nuove sensazioni, emozioni sane, comprensibili, vivibili oltre gli arcani misteri, intessuti ad arte per rendere complicata la vita, un rebus, un dedalico e intricato labirinto. Nel guscio caldo e accogliente di lui Lin trovava quel conforto umano, quella tesa di mano, quella guida amorevole e appassionata, quella forza di resistenza alla vita come in nessuna altra cosa era stato possibile rintracciare, se non l'indifferenza e l'inconsistenza vestite con l'abito da festa di "normali, indistinte, persone", di fatiscenti cose. Era, dunque, il suo Dio, era il suo idolo per assoluto, era colui in cui trovava quelle certezze del poter essere che in lei, più fragile, a volte indifesa, erano assenti o trovavano smarrimento in un vortice incontrollabile.

Non ho il coraggio di dirti quanto io sia stanca / e quanto mi trapassi l'anima / quel rombo infinito di una guerra / che non sarà mai l'ultima.

Ella, che aveva avuto la fugace impressione di potere abbracciare il mondo attraverso un lui che non c'era più, ritrova ora tra le sue mani il vuoto di un orizzonte desertico, irraggiungibile; annusa l'aria stagnante e maleodorante del nulla, ode i rombi assordanti e tenebrosi di una guerra infinita qual è la vita:

Inaffidabile come un mucchio di specchi, / in questo pomeriggio senza sera.

Un "pomeriggio senza sera" equivale a una vita senza speranza, senza futuro possibile. Rimane, dunque, un'unica fonte battesimale per riconciliarsi, in qualche modo, con la dura realtà di una inevitabile morte psichica, la fonte viva del ricordo, del ricordo alimentato dalla poesia; quella del ribaltamento del cammino del tempo verso l'indietro, verso il rientro nel passato, là ove sono poste le vere radici di ogni cosa, là ove la vita, anche se fatta di simulacri, può attingere ancora ad attimi di respiro:

> *E io scrivo la muta rabbia dei Titani traditi dagli Dei.*

e ancora:

> *quella tonnara abbandonata / mi ha riportato indietro / in altre vite.*

Sì, indietro, verso vite già state, per potersi sentire eterni sia pure tra ombre fatte di pensieri, di memorie e di parole sommate in versi fino a condurla al canto, sia pure a un triste canto, a un canto edificato su celebrazioni di assenze.

> *Facemmo il nostro giro di giostra / alla fine del giorno / dopo aver volato in alto sulla ruota / e aver tirato con i fucili sulle bambole di stoffa. / Adesso è tutto in ordine / tutto negli scaffali al loro posto.*

Un pensiero irremovibile, tra gli altri, è quello per la madre che spesso appare, e non come comparsa, nei suoi versi:

Un silenzio sospeso, squadrato, / limato. / Intagliato / con le piccole forbici da ricamo, / di nonna, di mamma, di zia. / Un silenzio ricamato. Un silenzio su tela.

Quello che ella descrive, quel dolore che le sanguina sulla pelle e che le fa vibrare il cuore – spezzato come in mille fragilissimi pezzetti di cristallo – non è il dolore suo, è invece, il dolore del mondo, del suo destino funereo, che gli è cucito addosso e che ella legge in ogni singola pietra, in ogni fetta di cielo, in ogni pezzetto di mare o di qualsiasi altra cosa, impastata di polvere, che sulla terra abbia trovato un dì, non per sua decisione, alloggiamento;

Il puparo tuona il suo invito / da dietro il tendone sdrucito: / "Onorateci e compatiteci".

La Poetessa, in questa pregevole opera, pensa, forse, alla irreversibile finitezza del tempo se lo si guarda in avanti, ed alla sua possibile eternità se lo si guarda all'indietro, vale a dire se lo si guarda nella direzione che l'uomo, lei stessa e il mondo tutto, hanno già vissuto. La rinascita, l'unica credibile lievitazione in altra o in altre esistenze, è contenuta nei ricordi di un tempo che non ha mai termine: il passato, è "l'ara sacra" su cui potere celebrare l'unico destino di futuro concedibile all'uomo; è il sepolcro della resurrezione su cui elevare perenni litanie su quanto di lui era stato.

> *Così veniva fuori un'entità distinta, / l'anima delle cose, che mi catturava / e si conservava nel tempo dentro me. / Una musica.*

La punteggiatura è rara, le parole scorrono da sole libere, bisognose di alcuna guida a ingabbiarne il percorso; la punteggiatura, dunque, emblema essa stessa di un tempo che scorre e corre, che non si arresta di fronte a nulla fino al compimento della sua stessa dissoluzione: estinzione di se stesso, o ritorno a se stesso come se si fosse in un inarrestabile rewind? I versi sono sciolti e, nello stesso tempo, ritmici, melodici, le singole parole suonano ciascuna di se stessa e armonizzano tra di loro, non sono poste a caso, infatti enjambement e allitterazioni, nonché assonanze e dissonanze, attraversano l'intero percorso lirico dell'autrice, che "si ausculta dall'interno", capta e decripta le proprie sonorità e ne trasmette l'eco a chi legge in maniera fedele, senza arzigogoli e artifici manieristici.

> *E' andato via un pomeriggio / che non c'era né sole né pioggia / né odio né amore tra i passanti frettolosi, / né luce né buio, né disperazione né gioia, / non c'era niente, / era un vuoto assoluto.*

In quel ripetitivo "né" sono annidati l'eco interiore e il senso intangibile di ogni cosa.

Non sono infrequenti versi "rotti", costituiti di una sola parola, come a voler sospendere il ritmo, raccoglierlo in una sola emissione di fiato, e pilotare l'attenzione su una particolare valenza evocativa presente nel cuore della poetessa, come nel caso che segue:

> *La tua casa sull'albero.*
> *Giocavi.*

O come in questo altro caso, per evidenziarne in questo contesto solo alcuni, scelti a caso tra i tanti che attraversano l'intero percorso:

> *Rovinati dal tempo e dalla fretta,*
> *poveretta.*

Le metafore sono frequenti, si vestono di arguti elementi di trasfigurazione del proprio dolore e del proprio viaggio esistenziale. Sono frequenti i ricorsi a elementi paesaggistici e urbanistici, architettonici che viaggiano come fantasmi nella vita dell'autrice, quasi essi fossero una sua vita parallela, quasi essi fossero degli interrogativi, a volte angosciosi, sul senso dell'essere e dell'esistere, sugli arcani miti che governano e sgovernano la vita di ciascuno e ne rendono difficoltoso, spesso alchemico, il cammino:

> *Metti al loro posto di sempre gli Amanti indecisi / e fa che il Carro di Alessandro non si spezzi in due / seminando il terrore su questo tavolo tondo, / sulle mie e le tue mani / che indifferenti mescolano la vita in un secondo.*

È come se aleggiasse il fiato pesante della scomoda sensazione che il destino nostro non dipenda da noi stessi, ma da mano occulta, o da dei bizzarri, o da un Dio che mai si vede, né si sente, che si nasconde pavido, o che non esiste, una pura invenzione Egli, di antiche credenze di arcaiche leggende, di miti infragiliti e rotti dal tempo. E qui mi piace ripetere dei versi già prima, per altra ragione, menzionati:

Il puparo tuona il suo invito / da dietro il tendone sdrucito: / "Onorateci e compatiteci".

E ancora uno splendido frammento di autentica poesia:

Quelle isole che guardi al mattino / non sono più rifugio di sirene.

Ma, lei, come sirena continua il suo canto, il suo lungo viaggio nel cuore suo e del tutto, un viaggio spesso faticoso ma necessario per dare un senso a se stessa tra i tanti non sensi, tra le tante assurdità della vita diventata un vero e proprio scheletrico deserto di un essere umano smarrito, sospeso nel vuoto come un abile acrobata su una malsicura asse d'equilibrio.

E' marcito il grano in quei paesi lontani / e gli uccelli sono andati via disperati. / Noi qui, guardiamo ancora il mare. / Tu cucini un piatto alle spezie / e io scrivo la muta rabbia dei Titani traditi dagli Dei.

Ed io aggiungerei: la "muta rabbia" degli uomini traditi dagli dei e dalla loro falsa promessa di sogni di grandezza; la "muta rabbia" degli uomini sempre in cerca di una terra promessa della quale si sposta sempre più avanti l'orizzonte fino a diventare impenetrabile, irraggiungibile.

Allora, i più arditi, come Lin è, i meno arrendevoli, i meno disponibili a morire nel nulla, volgono le spalle al sogno e puntano lo sguardo verso ciò che è stato e che ha il potere di rimanere fissato nel cuore e nella mente per sempre, un modo questo che l'uomo inventa per se stesso per liberarsi dalla paura della morte e per rendersi eterno, rinato in un passato che è lo scrigno segreto del suo vero futuro, il luogo, dunque, della sua liberazione, della sua – questa sì titanica – ribellione ai fatali destini.

Antonio Pellegrino

Premessa dell'Autrice

Il motivo conduttore dei versi è quello di un tempo vissuto come ricerca della traccia di una memoria dinamica e, a tratti, consolatoria. Si ricerca traccia del destino e della nostra libera scelta. Ci si chiede se le persone narrate abbiano seguito il loro istinto, la loro natura o se, invece, siano state piccole pedine di un gioco fatale.

Lin Schiavo Pontalto

Benny

Sui tetti di Capo d'Orlando guardi il mare remoto.
Tutto si è fermato in un attimo
e sono ricomparse le sirene
sugli scogli neri delle Eolie.
Mi hai detto che risenti Ulisse
declamare versi alla luna,
tante cose mi dici e tante storie ti inventi,
fai gesti nervosi con le mani,
muovi le dita sulle corde della fantasia
e come se aprissi le tue ali,
allarghi le braccia per abbracciare il mondo.
Benny, quel mondo incantato se n'è andato via
col rombo lungo di una guerra
che non sarà mai l'ultima.
Noi siamo rimasti qui impotenti
e mai ci hanno chiesto di salire
a bordo del vascello pirata.
Quelle isole che guardi al mattino
non sono più rifugio di sirene.
Vedi, Benny, come sono ancora più neri

e come sfidano il cielo quegli scogli?
Addosso ti è rimasto l'odore del cibo
e anche un piccolo straccio di allegria.
Non ho il coraggio di dirti quanto io sia stanca
e quanto mi trapassi l'anima
quel rombo infinito di una guerra
che non sarà mai l'ultima.
E' marcito il grano in quei paesi lontani
e gli uccelli sono andati via disperati.
Noi qui, guardiamo ancora il mare.
Tu cucini un piatto alle spezie
e io scrivo la muta rabbia dei Titani traditi dagli Dei.
Ci siamo sigillati dentro la pellicola azzurrina
dell'unico cinema sul Corso.
Benny, niente ha più posto nel mio cuore
ma tu resta ad ascoltare la radiolina a galena
mentre il tuo piatto alle spezie
sprigiona vapori azzurrini.
Sui tetti di Capo d'Orlando guardi il mare remoto.
Tutto si è fermato in un attimo
e sono ricomparse le sirene
sugli scogli neri delle Eolie.
Sento anch'io adesso Ulisse
declamare i suoi versi alla luna.

Un tiro di Arcani

Fammi un tiro di Arcani,
sistema la Torre confusa con il Sole e La luna,
metti al loro posto di sempre gli Amanti indecisi
e fa che il Carro di Alessandro non si spezzi in due
seminando il terrore su questo tavolo tondo,
sulle mie e le tue mani
che indifferenti mescolano la vita in un secondo.

Onorateci e compatiteci

Ci battemmo senza vincere
né tu né io né il tempo che andava.
Facemmo il nostro giro di giostra
alla fine del giorno
dopo aver volato in alto sulla ruota
e aver tirato con i fucili sulle bambole di stoffa.
Adesso è tutto in ordine
tutto negli scaffali al loro posto.
I ricordi, le sfide, le risate, i pianti e le maledizioni,
gli auguri a Natale
e le promesse di rivederci ancora.
Il puparo tuona il suo invito
da dietro il tendone sdrucito:
"Onorateci e compatiteci".
Noi siamo gli attori di sempre eleganti e tristi,
profumiamo di niente, ci teniamo le mani
ma non siamo mai stati tanto lontani come adesso.

Bertini

Caffè rosso lacca garanza degli artisti,
misto di fraganza Fabergé brut original
dopobarba e trementina,
la mattina, io mi sveglio
mentre tu indossi una camicia pulita
e bevi dalla tazzina cinese,
quel caffè multicolore e bollente
che risente, per empatia, del dubbio notturno davanti
alla tua tela.
Non si noterà una leggera compiacenza edonistica
in quel rosso alcanna vera?
Inaffidabile come un mucchio di specchi,
in questo pomeriggio senza sera,
non si sa come, una persona tanto fragile
sia rotolata via,
tra un vecchio pneumatico e una canzone.
Ricordi Bertini, le unghie dipinte di rosa,
due gocce di Coty sulle braccia
e il lungo corpo assente?
Lo ricordi quell'uomo che andava e veniva

da casa nostra al suo ufficio
e poi, la sera, dormiva in cantina, tra torri di libri
vecchi e botticelle di vino passito? I
l nostro povero amico, l'intellettuale Bertini, che
amava i ragazzi di vita,
ma nascondeva gli occhi
dietro gli occhiali neri di vergogna.
E' andato via un pomeriggio
che non c'era né sole né pioggia
né odio né amore tra i passanti frettolosi,
né luce né buio, né disperazione né gioia,
non c'era niente,
era un vuoto assoluto, come se avesse qualcuno
tolto l'aria dalla nostra bolla di sapone.
Così siamo caduti tutti, uno ad uno,
e lui è passato oltre,
ci ha salutati ma non l'abbiamo sentito,
e forse ci ha anche sorriso.
Peccato, non sapremo mai veramente
cosa sia successo.
Ci hanno svegliati dal torpore del vino
e ci siamo rialzati tutti.
I passanti senza odio né amore,
il pomeriggio che aspettava la sera,
senza sole né pioggia, senza luce né buio
ci siamo ritrovati ancora vicini,
i suoi amici più cari, da soli,

senza disperazione né gioia,
senza nulla,
nel vuoto assoluto della sua mancanza.

Mare vecchio

Il capannone non era uno soltanto,
come lo vedevo da dietro l'angolo nero
dello scoglio d'Avola.
Era una fila di capannoni neri e alti
simili a cattedrali gotiche
che architetti senza coraggio,
muratori pensosi sul ciglio del fosso immenso,
avevano lasciato incompiute.
Algoritmi, preghiere, riflessioni lunghe.
Poi il silenzio totale
e quella tonnara abbandonata
mi ha riportato indietro
in altre vite.
Ho risentito l'urlo del Rais
e il profumo aspro dei tonni.
Il mio cappello bianco
ha proiettato la sua lunga ombra
sullo scoglio d'Avola.

Che già mi sembra il sole

Adesso, tu stringi il nodo rosso
attorno ai miei capelli,
m'apri la mia camicia bianca,
sciogli la ceralacca rossa sul mio petto,
sbricioli il pastello giallo sulla tela vuota.
Soffiaci forte che già mi sembra il sole.
Chiudi i miei occhi dipinti di nero e di rosa,
tira giù a pugni il portone,
vola veloce sul cielo della Rivoluzione,
brucia l'inganno che ci avvelena il cuore.

Thalassa

Thalassa esce timida la testa dal suo mare.
Ha la pelle dura come la gobba verde del mollusco
che tiene dentro alla sua bottiglia preferita.

La terra lontana non trasferiva più voci
e clacson e stridore di freni sull'asfalto,
tutto era perfetto come Thalassa immaginava
dovesse essere il giorno del principio
e la sua vita cambiava sotto il cielo, sul mare,
distesa sotto un immenso meravigliato,
fragilissimo amore.

Enzo Majorca

Quali fitte reti e contorti arpioni hanno fissato
in un perenne incanto il tuo cuore?
Quali armonie segrete e sconvolgenti
hanno turbato i tuoi giorni?
Quali echi di tuoni oltre le montagne?
Quale percorso dallo Ionio all'Etna
hai ridisegnato nei sogni?
Il percorso antico o uno sperimentale dove tu,
dentro la navicella di carta stagnola,
dirigevi il timone fino a violare lo spazio occulto
perfino agli Dei?
Un percorso parallelo, verticale,
dall'abisso alla luna.

Una traiettoria ardita da dove non sei uscito illeso,
splendido titano, disteso sul cuore di una cernia
che muore.
E adesso chi vede i vortici che il tuo cuore disegna
sul mare immobile del tramonto?
Hai mosso a invidia gli Dei.

Lo stesso Oceano si è a lungo nascosto nell'anfratto
più scuro,
pensieroso, come sospeso,
quasi avvolto dentro un innominabile silenzio.
Quali voci di antiche sirene ascolti adesso
mentre navighi piano in superficie,
lasciandoti portare da una fievole corrente,
tra ricordo e ricordo
allo scoglio natale.
a Ortigia morente?

Francesco

Non pensare alla profondità che mai hai raggiunto,
c'è sempre un abisso piccolo, arrendevole,
una di quelle grotte di minuscoli scogli
che tu conosci bene e chiami per nome.
Non pensare alla cima che non hai conquistata,
c'è sempre una piccola e ingenua collina,
un covone giallo sotto una stella blu,
una spinta di reni, una pedalata forte,
l'avanzata dei mille a Palermo,
l'entrata di Porta Pia.
Era uno scrittore, sognava?
Io adesso non ho voglia di ricordare il suo nome,
ma tu fa come se nulla fosse.
A che serve sfasciare le porte, buttare a terra i muri
per entrare nella storia?
Continua che l'asfalto corre e il mare alza fiere
creste di galli baldanzosi
come nei mattini di pasqua al tuo paese.
Adesso posso sentire il rumore
e il profumo forte del cuoio,

dei sandali diabolici di Girardengo, di Coppi,
la canzone di Conte,
zazazazà zazazazà, zarazazà zazà zazà.
Sugli stradoni impolverati corri ,
scendi le scale del Tempio in volata,
cadi, rialzati. Io ti ricorderò, non dico sempre,
ma fino a quando mi succederà di pensarti.
Ti ricorderò così,
come un'aerodinamica immagine futurista
un insieme giallo di cerchi concentrici
lanciati a folle velocità
con in cima la tua testa
e la tua faccia di bambino ribelle,
la pelle dura degli sportivi
che sognano sempre le cime innevate,
gli aerei, le barche a vela,
le immersioni sconsiderate,
una mela rossa o gialla addentata
tra la sterpaglia del tuo fiume,
dove pascolavano le mandrie
di buoi dell'amara Maremma.

Il senso della neve

La festa sta rotolando altrove per gli angoli
di questa città frastornata,
è nata, io credo, una voglia di silenzio
che ha il senso della neve mai vista.

Un silenzio che insiste a nascondere il sole,
non è una buona soluzione
in questa mia città di navi all'ancora.

Ma lo stesso, adesso, mi serve
per fingere una prova allo specchio
di abiti soffici e caldi. vere ali di elfi
sotto ampi cappotti, sono le mie spalle larghe
che mi evitano contorti ragionamenti
di date, di meteo strampalati.

Hai voglia a dirti le bugie, la neve non c'è
e non c'è quel freddo pungente
sferzante, eccitante.

Non c'è neve e non c'è pioggia
che allaga la strada diritta e alberata
che porta al teatro stasera.

Ci andrò con le unghie laccate di geranio rosa,
la gonna lunga dell'estate
e una sciarpa autunnale.

Che male ci sarebbe ad andarci domani
che forse è Natale?

Bastava un niente

L'anima dei luoghi era l'essenza sprigionata
se strizzavo con le mani il bugnato liscio,
la pietra ruvida del palazzo delle poste
o il marmo della statua equestre
al centro della piccola piazza del paese.
Così veniva fuori un'entità distinta,
l'anima delle cose, che mi catturava
e si conservava nel tempo dentro me.
Una musica, un assolo di sax, per esempio,
che correva sulle basole del mercato
in un pomeriggio di festa che non c'era gente
e i banchi del pesce erano vuoti
ma ancora grondavano acqua di mare
con piccole barche azzurre
che si chiamavano per nome, Maria Madre,
Prima Lucia e una data lontana
che ricordava reti colme e risate
o naufragi infami sullo scoglio della Formica
a Sant'Elia.
Bianco/nero o colori, luce diluita con frange di sole

e ombre piatte, equazioni misteriose,
incomprensibili,
che mi mettevano su una linea d'orizzonte
certa e svelata
la sostanza spessa o sottile,
diafana o nera
come la pece di un profilo,
la silhouette di un traliccio della luce
sopra un binario morto.
Veloci arpeggi di mani nervose
o placide novizie e i loro salmi
dietro il cancello di ferro dell'Oratorio di Santa Cita.
Bastava questo e l'anima delle cose serpeggiava
indomita,
inspiegabile,
spesso strafottente e altre volte disarmante.
Bastava un niente.

Un gabbiano, un gatto e un cielo d'arance

Dicevi che sicuramente era arrivato lì stanco
dopo aver volato tutta la notte da scoglio a scoglio.
Il gatto lo guardava incuriosito,
lui sapeva di pesci e d'acqua marcia.
Era il nostro ultimo giorno a Venezia
e per la Calle degli Schiavoni era tutto un silenzio
in attesa del sole.
Non voci né gondole né nulla.
Noi, il gabbiano e il gatto grigio dagli occhi curiosi.
Posammo i libri e le sigarette
che ci avevano fatto una discreta compagnia
durante quell'ultima notte veneziana.
Forse ci addormentammo, adesso non ricordo,
ma quando guardai attorno e c'era il sole.
Forse sognammo. Non te lo so dire.
C'era un gabbiano bianco che danzava
in un cielo di arance rosse e un gatto grigio

che guardava curioso
mentre giù nella calle una gondola di sposi
passava in silenzio
lasciando fiori azzurri sull'acqua nera.

Escambrais

Hanno la pelle scura e l'olio sui capelli i ragazzi
dello scoglio Escambrais.
La sera volteggiano tra i tavoli,
baciano sulla bocca gli avventori,
si contorcono e si stancano a morte fino a mattina,
quando pallidi, scompigliati e senza trucco,
si buttano giù dalla roccia più alta del porto
sul mare di latte.
Ho visto, il confine incerto
tagliato con lame prepotenti,
tra il cielo e il mare di Sant'Elia,
a ridosso della roccia dello scoglio Escambrais
dove i ragazzini vanno a tuffarsi in acqua
con i jeans stretti,
la pelle bruciata, i capelli incollati sulla fronte,
sopra due occhi più neri del peccato.
Laggiù, sul mio scoglio annegato,

ho visto lingue di fuoco lambire terre sconosciute
e avrei potuto toccarle
se solo avessi avuto braccia per stenderle
e mani per afferrarle
e coraggio per viverle.

8 marzo 1957

Cosa fai da sola mamma?
Dei tuoi racconti serali e delle stelle
che ad una ad una contavi dalla finestra di cucina,
cosa te ne fai adesso?
Li hai riposti in fila sul tuo vasto grembiule
che odora di spezie e gelsomino
o li hai portati come regalo ai tuoi avi
che pazienti ti aspettavano
dietro le lame metalliche della nuova luna?
Su quelle spiagge, adesso,
su quei deserti di cui ti sfugge il nome,
cosa fai, mamma?
Cammini ancora come bimba dispersa
o ti ritrovi a cantare le tue solite canzonette di guerra?
Ricordi Lilì Marlen?
Tuo fratello suonava il piano e tu ridevi, mamma.
Sei stata sempre un po' distratta,

hai sempre vagato
tra pensieri imprecisi e sorrisi e pianti.
Cosa fai adesso, da sola?
Sai che ti seguo, specialmente la notte,
quando vicino alla finestra di cucina,
conto le stelle anch'io
senza badare a questa infinita tristezza.
8 marzo 1957. Ti eri vestita lentamente, con cura.
Portavi il bluson nero
e con quel giallo di margherite e mimose,
facevi spettacolo.
Poi hai pianto e non hai capito il come e il perché.
Eri silenziosa come mai t'ho vista.
Qualcuno ti ha invitata a ballare
laggiù alla balera di Sant'Ilario.
Era sera, prima sera, ricordo.
Le stelle si scorgevano appena
e la cresta rossa del sole,
si era adagiata in cima alla collina.
Eri l'operaia della fabbrica di plastica
o la principessa incantata
che ha dato un morso alla mela?
In seguito hai provato il dolore e tutte le sue malie,
ti ci sei avvolta dentro

e hai recitato la tua piccola parte di figlia e madre.
Era il 1957, la radio cantava le canzoni popolari
che al mattino un pianino stentato ripeteva.
Chi era, mamma, la fanciulla che tu nascondevi
quando ridevi, piangevi, cantavi?
E chi sono io che ti rassomiglio tanto?
E come faccio a ridere, piangere e cantare
adesso che non ci sei?
Mamma, dimmi, chi sono io e chi nascondo in me
quando come stasera, 8 marzo di un altro anno,
parlo con la tua voce
ballando alla balera di Sant'Ilario?
Non ascoltarmi troppo, non darmi ragione,
lascia che parli come parla chi ha voglia di parlare,
gira la testa da un'altra parte esci, va dove vuoi,
stammi lontana, tanto stasera, al tuo ritorno,
preparerò il solito brodo caldo
e sfornerò lo stesso pane d'ieri.

Italian style 1962

Ho sentito il fragore del tuono,
poi il rumore della caffettiera in cucina.
Hai acceso la luce e la lampadina,
al centro della stanza,
ha finalmente calmato l'angoscia di quell'alba livida.
Mi hai fatto sedere sulla tua sedia preferita,
e con gesti lenti,
mi hai riempito la tazza di caffè caldo.
Mi hai accarezzato i capelli
mentre fuori veniva giù il mondo.
La tettoia del garage rimandava spruzzi di pioggia
e tutto intorno affondava in un pozzo grigio
senza possibile fondo.
Non un suono di campana non il canto di un gallo,
nulla annunciava il giorno
e l'alba stentata annegava ancora
dentro una notte che non voleva finire.

Poi, ad un tratto, mi sei venuta vicino,
mamma, ragazza mia.
Hai serrato la mia testa tra le tue braccia
e fuori è scoppiato il mattino.
Anche la notte infinita è tornata bambina,
il gallo e la campana si son fatti sentire,
perfino la pioggia sui vetri è diventata canzone.
Mamma ascolta, possono non avere spessore
i pensieri e le parole o la musica stessa,
ma certi ensemble, per una sconosciuta alchimia,
mettono radici dentro di noi
e ci riportano ad una data precisa,
alla stessa aria e allo stesso profumo
e agli stessi sentimenti di un'epoca
che ci ha visti più felici,
proprio mentre ci sentivamo più persi.
Partendo da Forever, stavi sulla poltrona verde, credo,
o almeno è lì che io ti immagino,
non importa nemmeno che io fossi o no con te,
di te ricordo il momento e il profumo.
Andando per via traverse e 45 giri neri,
passiamo a Till e ad altro ancora.
Geneviève, Una stazione in riva al mare.
Cara mamma, ragazza ribelle,

malinconica tra cento risate ritrovate
sulla tua bocca rossa Coty,
sui tuoi capelli con permanente corta,
credo alla garçonnette.
Italian Style 1962.

L'aria di un trascorso natale

Un percorso di pietre orgogliose
tra resistenza e resilienza.
Un confuso confine dove hai posto la riga di plastica
e il triangolo rettangolo macchiato d'inchiostro blu
con il nome di Rosa indelebile.
Magari è l'aria di un trascorso natale
in questa città in ostaggio
di una coda colorata di luce
che strombazza nel gelo, da una vetrina a un tram.

Nella recente sera

Persiane rigate di vecchio scirocco
come raffinatezze di un tempo lasciato troppo solo.
Un fantasma appena conosciuto,
si aggirava per le stanze
con addosso una parrucca intalcata
e crinoline sdrucite.
Ad un tratto si percepì un cavaliere errante.
Senza scudo né spada.
Sulle pareti si alzò il suo verso sommesso,
simile a un fischio allegro di richiamo.
Lo ascoltai a lungo
raccontarmi di tutti i libri letti in un sol fiato
o, di contro,
quelli rimasticati come una capra
all'ombra di un ulivo
o di traverso sul letto grande
o a memoria sull'ultimo tram cittadino

dove le colf libiche conversavano
in un siciliano impossibile
con le compagne dello Sri Lanka,
pensierose e imbronciate,
profumate di zafferano e cumino nella recente sera.

Una pasta alla crema

La vita è un'antica novità
un bossolo inesploso,
un caffè e una pasta alla crema
quando nessuno ti consola.

Con una piccola goccia di veleno

Sono voci e acque e strettoie di nebbia
tra i capelli e le ciglia,
bocche indurite dal gelo
con sbuffi di parole dismesse
che corrono lungo il mento,
su scie di luce al neon, cavalcano,
sbattono su fragorose risate di birra bevuta e versata.
Sono sbuffi di parole dismesse
che cadono ogni volta
su un grembo raccolto in preghiera,
la sera,
la notte,
alle prime luci dell'alba.
E il vento che insiste le raccoglie,
le disinfetta
e le avvolge dentro bende profumate di mirto e di ulivo.

Un raggio tondo

La morte la riconoscerei
e anche un brutto sogno so com'è,
l'ho sognato sempre e colora di giallo intenso,
ha la faccina e i piedi piccoli di cento giapponesi,
cento marinai giapponesi pelosi e tristi
che si riproducono velocemente e diventano mille,
cinquemila, diecimila, tutti.
Era il Venerdì di Pasqua,
loro incrociarono la processione
con le bandiere a lutto
per la morte del Cristo
e inciamparono sulla folla.
Rotolarono per la Calata dei Maccheronai,
alla Vucciria,
travolsero le bancarelle del mercato del pesce,
poi mandarono all'aria quelle del mercato della carne.
Infine un lampo di sole più giallo

con al centro un marinaio giapponese peloso e triste,
li raccolse tutti in un raggio tondo
e uno ad uno li cancellò
con il suo vecchio chewing gum alla menta.

Casa Micalef

I tuoi passi dentro le stanze,
piazze d'armi dilatate ai miei occhi
striati di verde e di giallo
come quelli di un piccolo gatto curioso.
I tuoi passi per le scale di ardesia notturna e spettrale
che scolpiva tre pianerottoli incalcinati di fresco,
puliti e inghirlandati di canzonette alla radio.
I tuoi passi sulle basole antiche del mercato
che si riempiva di voci alle sette
e tu portavi già la borsa pesante della spesa.
Mamma, ragazza mia.

Vicoli dell'Alloro

Un carro di comici e il telone che non s'abbassa più.
La fisarmonica risparmia troppi accordi
mentre da un tavolo all'altro,
all'osteria del Garraffello,
si sprecano i nostri peccati.
Da qualche parte, ancora,
si apre la Via dell'Alloro e ad attraversarla,
le sue budella,
anch'essi all'Alloro.
Della Rosa, delle Neve, del Pappagallo.
Tutti quanti all'Alloro che brucia
e profuma le reni fradice dei palazzi
di nera lebbra fine.
Vorrei fare un salto giù dalla finestra
dove una volta c'era il mare.
Torbido.
Sporco.

Furioso.

E gli ippopotami che mettevano fuori la testa.

Stralunati.

E tutto il resto che a quel tempo c'era,

intorno, sopra, dentro il mare.

Un tango a palazzo Mirto

Avevo consegnato ai pesci dei colori frastornanti.
Sopra i disegni vibranti
si alzavano le voci rauche e i polveroni yanchee,
spruzzati di stelle andate a male,
sdrucite, unte, spiumate
come vecchie ballerine nane,
dentro il cartellone western del cinema rionale.
Quelli che dalla riva mi guardavano
non credo potessero capire cosa stesse succedendo
e perché i pesci mi girassero intorno
languidi, eleganti.
Piazza Cattolica era deserta,
col mare disegnato appena sotto il marciapiede
di lavagna nera.
Margot,
l'eterna sfinge,
aveva raccolto al volo tre colombe

dal cornicione di palazzo Mirto.
Io non le badavo.
Mi aveva già annoiata Margot, con quel sorriso finto
e quelle braccia troppo corte
per abbracciare il mondo,
Affogavo dentro il verde smeraldo
e un giallo che bruciava lento mi volava sul petto.
Giravo la canna da pesca sulle note alte del tango.
Bacchettai un pesce rosso
che non aveva tenuto il passo
e un altro lo riporti sul percorso smarrito.
Indicai il punto di ritorno
e fischiai tre volte per segnalare
che il tango era finito.

Interno senza vista

Con un misero note book in borsa,
sul canterano délavé,
sul tappeto unto di salsa al tonno,
sopra divani bislacchi
posti di fronte ad apparecchi televisivi slabbrati
neri lucidi fino alle massime estensioni.
Quelli,
i relitti indenni di sogni retroattivi a tasso zero,
reclamano una crociera a prix unique,
una pelliccia e una scatola di veleno
con firma autografa della mannequin bisunta
che detta la legge delle umane miserie
sulla quinta strada newyorkese.
Ho nausea e disgusto per le canzonette
e per i talk show.
Mi fanno venire le vertigini
le spudorate altezze dei megafoni

che gracchiano dentro i grandi magazzini.
Ancora riesco a nascondermi
dentro la folle serenità di un piccolo silenzio.
Ma quanto potrà durare
prima della prossima sconfitta?

Sul mare cieco

Il cappuccino svelato
dal lampo degli occhi troppo celesti e riconoscibili,
si confonde e abbassa le palpebre
sulla risata del bambino che grida il suo nome
sopra la processione lunga trecento metri.
Dalla cattedrale normanna al mare.
Tra macchie scure di colombi
e rondini
e passeri
e un turbinio di ali e di suoni gutturali.
Sì sono i colombi,
la più vasta colonia del giorno di lutto.
I colombi grassi lanciano quel suono funereo in arabo e in greco e in aramaico.
Domani, Cristo risorgerà
e a cantare resteranno le allodole sui fili lucidi del telefono,

tesi da un capo all'altro di questa città
dove il cielo non ha più riflessi
né punte di stelle
sul mare cieco.

Alle nove di sera

Siamo libere, beviamo uno spritz al banco,
facciamo qualche apericena al buffet,
in piedi,
con le autoreggenti che pizzicano
e scivolano inesorabili verso le ginocchia,
nonostante l'elastico ci serri malevolo le cosce.
Non abbiamo più un'età credibile
mentre realizziamo deluse
che meglio staremmo sotto un plaid consolatorio,
a quest'ora,
affamate e stanche, dopo una giornata di lavoro.
Siamo lì, completamente disinteressate
agli sguardi di un maschio che col fiato corto
sopravvive tra qualche incertezza di genere,
al nostro sguardo indagatorio.
Lì, in quell'aria contaminata di profumi e talco,
alle nove di sera.

Modesti dolori

Questa sera che non è di perla
e non è d'amianto,
ha salutato il sole
dando spettacolo al tramonto.
Questa sera è una stanca casalinga
con qualche grammo di cipria sulla faccia
una canzonetta sulle labbra
e il pallido sorriso
ingabbiato in una lacrima indecisa.
Questa sera è uno spazio prezioso,
un privilegiato quartiere
di brevi sorrisi e modesti dolori.

Manca qualcosa

Manca qualcosa
dentro la mano che adagio si posa
su libri su scogli di sale
su pietre e carbone
e legna già pronta a bruciare
e s'illuminano miti paesaggi
e lei resta sepolta sotto la neve
che sconta i suoi peccati e l'assolve.

Fa' che nessuno

Fa' che nessuno ti veda
con i soliti occhi con cui si guarda
una pubblicità sul muro
fa' che nessuno ti chieda
da dove sei venuta
se sei nata da un uomo e da una donna
o se sei stata creata in laboratorio
da uno scienziato pazzo
o se sei stata modellata in creta da un povero artista
da un alieno scaraventato sulla terra
da un santo
da un carcerato a vita
o da germinazione spontanea
in un mattino che l'aria era dolce
e sapeva di pane appena sfornato.

Il verso della tortora

Un verso funereo, impietoso, stonato,
una sirena allarmata, un grido,
un orribile insulto.

L'avviso di una guerra improvvisa,
una maledizione divina,
un deserto che avanza.

Una macabra danza,
un incrociarsi di spade,
un disperato richiamo.

Un nome inutilmente
gridato, urlato.
Un febbricitante balbettìo inconsulto.

Un codice fatale svelato.

Amici

Amici di filo
di filo di plastica
di plastica nero
tutto e niente
senza danno né gioia
come un inutile secchiello
e una paletta rossa
senza sabbia né mare.

Amici di filo
di filo di cotone
di cotone verde
come un prato o una mela
cuciti a punto erba
con punti dolorosi
sulle dita dello scrittore
sul silenzio dell'incantatore.

Amici di filo
di filo d'acqua
acqua che cade sulla pietra
sulla pietra del fiume
rosa e profumata
che non buca, che non la spunta

che poi lascia
e che non chiede perdono.

Questa sera di fuoco leggero

Questa sera di fuoco leggero
è fatta di luce strisciante
che vaga, pensante, raccolta,
dissolta nel buio recente.

Questa sera che mente,
che racconta pensieri,
antichi passaggi di stelle,
bimbe perdute nei giochi.

Questa sera senza richiami di mamme,
senza magiche lune al balcone.
Questa sera è luce che pone
domande infinite,
risposte mai date,
presagi di partite fallite,
conclusi orizzonti,
stravaganti racconti di fate.

Questa sera trascende quest'ora,
questo tempo spezzato.
E' gemma preziosa, anch'essa conclusa,
non osa sorrisi o speranze.

E' luce che si posa oziosa
su un cratere improvviso,
bagnato di lava già esplosa,
feconda eppure conclusa,
finita, indurita.

Questa incomprensibile vita
è luce di insegna sbiadita,
è vento, è preghiera,
è libertà dalla pelle di capra,
agave spinosa che ferisce le dita.

L'amore sognato

E' l'amore sognato, carpito alla vita,
rubato al mercato, sui banchi di scuola,
cantato e suonato
su una vecchia pianola,
d'estate,
come ombra barocca
che svela una luce dorata,
di notte,
senza stelle né luna,
un amore che è un salmo di gioia.

E' l'amore infelice,
graffito sui ceri,
disegnato sui muri anneriti
di maleodoranti quartieri.
E' l'amore
come solita storia banale
di un giornale dell'anno passato
dimenticato
senza averlo neppure sfogliato.

E' l'amore di un amore che hai perso
senza averlo prima vissuto,
mangiato, bevuto,

ingoiato.
E' l'amore sciupato,
macchiato,
come foto di un passaporto scaduto.

Un silenzio

Un silenzio sospeso, squadrato,
limato.
Intagliato
con le piccole forbici da ricamo,
di nonna, di mamma, di zia.
Un silenzio ricamato. Un silenzio su tela.
Aggiornato.
Un silenzio, rivisto, pesato
su una piccola, stizzosa bilancia da farmacia.
Petulante.
Arrogante.
Un silenzio bizzarro malato,
invadente, sgarbato,
un silenzio maleducato.

Il mio tempo con mamma

Il bugnato, le basole di pietra lavica,
le insegne al neon clignotant luci gialle,
o le insegne sbiadite di bottega, fatte di latta colorata,
quelle che dondolavano al vento,
quelle che luccicavano di luce nella pioggia, la sera.

I platani verdi di via Roma,
Le cascate di bouganville, papaline,
le spalliere ribelli di gelsomini e zagare,
i balconi di tuberose e gerani,
l'erba vento che spaccava i muri, oltraggiosa,
impudica,
il suo sentore aspro che sapeva di carne al sole,
richiamava e metteva paura,
riempiva tutto il vicolo Isnello e la casa di Iole.

Tutti loro orchestrali del mio tempo con mamma,
tutti loro non hanno più la stessa voce.
Restano icone anonime e frettolose
di un tempo diverso, accelerato e ottuso.

L' aritmìa del loro cuore invade lo spazio conosciuto
con un'onda alta di meringa al veleno

C'è come

C'è un grosso nodo,
una radice al centro del cuore,
un rossore sul tuo viso di legno,
un diffuso bagliore.
C'è come uno scroscio d'acqua sotto casa
un tremore di oggetti posati
su un piano oscillante, concavo, distratto,
c'è un profumo di niente dentro le stanze in fila,
attente ad ogni passo, ad ogni arrivo.

Mater Matuta

Mater Matuta ha indossato il sarih di seta verde e il velo color albicocca.
Mater Matuta vi ha nascosto dentro il figlio del mondo,
il piccolo uomo che appartiene al mare,
il folletto che danza tra sogni antichi e libri rugosi,
il pupo siciliano che arrochisce dentro la sua tenda,
il paladino romantico che canta l'amore,
il putto imbronciato delle chiese barocche
che ci viene incontro silenzioso e impertinente.
Mentre ci affrettiamo a leggere il geroglifico della sua piccola mano
sfuggita al sarih materno,
ci accorgiamo che ci sta salutando da distanze remote
e a niente varranno le nostre preghiere
per fermarlo ancora una volta su questa terra,
ancora una volta su questo mare,
ancora una volta vicino al nostro cuore.

Un bacio negato

Hai perso un incontro,
un errore fatale,
in uno stupido giorno di pioggia
che tutto era tale
come l'avevi lasciato,
in uno stupido anno passato,
molto lontano da questa vita di adesso.
Lui sulla banchina
e tu con lo sconcio provato,
ferma e assente
sul selciato corrotto
da un bacio negato.

Watch it again 1

Nemmeno se giri a destra o svolti sulla one way,
non ci sono corsie preferenziali,
non ci sono fili spinati a fermare gli intrusi,
non immaginarie linee di demarcazione
per i non addetti ai lavori.
Un accidenti di nulla eppure quel luogo è ogni cosa.
E' l'infanzia, la mamma, l'aglio e l'arrosto,
lo scalpiccìo di nonna dal balcone al mio letto,
il suo racconto, sempre lo stesso,
è la giostra dei grappoli d'uva,
è il veleno dei giorni malati, è la febbre, la tosse,
la risata appuntita e falciante della serva del Borgo,
gli occhi ciechi e spiritati delle sue infiammate
novene,
inquieto balcone dei corpi decollati, miei amici,
miei interlocutori discreti, mie segrete catene.

Watch it again 2

E' semplice basta forare il tempo, un piccolo buco
uno strappo sottile e vai via, così ho sognato ed era bello,
era una casa, c'era una festa.
Non erano cose di questo mondo,
non c'erano le prigioni delle ossa e della carne,
no smoke, no noia, no dolore,
alla fine ho digitato watch it again
ma erano già le otto del mattino,
ho ripreso il mio bagaglio e sono tornata a vivere.

All'asta del pescato

Io come gatto, come cane affamato ero,
e passavo su pietre e boschetti di erba vento
e rosmarini fioriti fino al porto,
tra le pance grasse e capovolte
della Caternia Madre, dell'Assunta Seconda,
arrese al mare dei poveri,
ostaggi di acciughe e sgombri d'argento,
all'Aspra, Porticello e Sant'Elia,
sulle banchine sudate
dove si consumavano le liti all'alba,
gli abbracci e i baci sulle guance scabre,
le urla e le bestemmie dell'asta del pescato.

Per un vecchio guascone

Il tuo quartiere ha i suoi vecchi giovinotti
che si radono allo specchietto con maestrìa.
Loro usano il sapone e il pennello meglio di
chiunque altro, dicevi,
poi fanno la doccia in un bagnetto stretto,
dietro una tenda di plastica a fiori o a cerchi,
comunque a colori.
Il tuo quartiere ha case scolorite come spose incinte
inghirlandate
ha intonaci lebbrosi e ha balconi con gerani appassiti
e una canzone
che ripeti a memoria,
Il tuo quartiere ha strade tutte uguali agghindate a
nozze,
col cardellino, i topi, i gatti e i cani.
Il tuo quartiere è una grossa bugia guascona che sfida
la sorte infame.
Ha tende unte a righe verdi, ha panni stesi fuori dal
balcone.
Ha risate di seconda mano, anni di galera e libertà
sfrontate.
Ha madri dolcissime e rabbiose, ha suoni incazzati,
ha silenzi chiassosi
ma ogni sera ruba lampi d'oro, agli stracci di un cielo
rovesciato.

Immagine stramba

Correva in tondo, sulla banchina, al porto,
girava su se stesso e parlava
come se vicino avesse avuto
un fantasma o un'idea,
un alieno o un morto,
comunque qualcuno disattento e muto.
Parlava e girando andava.
Parlava sempre lui, srotolava parole
senza punti né virgole,
senza intonazioni né pause,
parole come schiavi ammutinati,
senza remissione di peccati,
senza requie, all'ultimo respiro.

Povero poeta

Povero poeta senza casa, audace e fiero
come un sorriso tra la lingua e i denti,
come un colpo di sole
prigioniero di un'alba breve,
come un pomeriggio di febbraio,
stanco e canuto,
quando alle cinque è già buio e tutto si fa lieve,
addormentato e muto.

Del tutto non so far nulla

Del tutto non so far nulla,
cado dalle parole alte
e incespico anche sulle basse
mentre, in generale,
non delego più alle parole
il mio pensiero e il fare.
Del tutto non so andare
o tornare, sbaglio spesso l'andatura,
ho sempre la benzina in riserva
e i freni da sostituire.
Del tutto non so capire
e dal primo impatto in poi,
resto imbastita a trame di cotone,
poi cucita con i punti stretti,
maledetti, da scucire, da sfilare,
così imperfetta, scherzo o fumetto da finire,
impunita, poveretta,
dentro un racconto medievale,
papessa su un rogo, da bruciare.

Anthony

Anthony, alma gitana, ti penso da solo,
o con tua madre, dietro la porta chiusa.
Poi, come ogni sera, lei la schiude leggera,
mosca avvezza a covare il suo ragazzo
dentro uno strambo silenzio appollaiato.
Ti offre ancora tre mandorle secche,
un mandarino pomposo e un sorriso.
Un vecchio paradiso che conosci a memoria,
un arcobaleno. un palloncino che vola basso,
mentre il solito cane guaisce alla catena,
ad ogni scena bislacca del quartiere

Liò, Lin, Liuccia

Rasi i capelli sulle macchie rosse dell'orticaria
Liò, Lin, Liuccia, la Santa ti protegge stasera,
e domani.
Immergevi le mani trafitte
dentro un infuso d'erba spinosa.
Ti passa, vedrai,
domani scompare la bolla, e tu andrai,
crocefissa, per il saggio ginnico di giugno
che apre il pugno,
che ti scazzotta sulla bolla d'acqua tofana.
Velenosa rosa avvizzita d'orticaria
per te che mangi troppe uova,
no, è per il chewing gum alla menta americana,
che tu menta o non menta, sei rossa da morire, Liuc-
cia,
e devi ancora studiare, imparare, da sola,
la vita.
E imparai invece a memoria a morire,
sul banco di scuola, a casa,
chiusa fuori da un balcone di tuberosa,

Liò, Lin, Liuccia,
perché il pianto dei bambini frastorna e confonde,
io ho saputo tacere in tempo,
mi sono nascosta dentro le ombre dei mobili,
fin sul tetto, fin sotto il letto di ottone
o dentro l'ombra conturbante del rossetto di mamma
e poi a nanna
per sempre, quasi dentro a una tomba
sognante, mio ridente cimitero d'infanzia.

Il vino triste dei vecchi

Aveva il vino triste dei vecchi,
scivolava su piste di rabbia,
a volte di noia,
altre volte s'inventava una cultura
parlando con Google.
Aveva il vino scontroso, bugiardo,
un vecchio biliardo senza sagome,
né pallone, un liscio deserto.
Scambiava un viaggetto a Napoli,
dalla sua amante bislacca,
con un andare in pellegrinaggio
sulla scogliera calabrese,
da un vecchio amico del padre.
Aveva il vino triste dei vecchi,
un vino senza troppa memoria.
Non so che fine abbia fatto,
non so se ancora suoni stonato,
sul balconcino, la sera,
tra una pianta secca di basilico
e un guaiolare di cani alla catena.

Ada, Alla Guilla

Appuntavi gli spilli
uno ad uno, mille a mille,
spingendoli con i ditali colorati,
rovinati dal tempo e dalla fretta,
poveretta,
Ada, di via Maestri d'acqua,
alla Guilla,
la fretta di cucire,
di consegnare alla tua signora
l'ultimo vestito
per uscire a cena col marito,
mentre tu, tra qualche oretta,
nella cucina stretta
che sapeva di geranio,
d'aglio e zafferano,
ti impegnavi a mandar giù
l'ultimo veleno.

Alieno 1

Le nostre scarpe dimenticate,
spaiate, tra l'erba e i sassi,
finestre alte e torrioni ventosi
che i grillai abitavano in estate.

La tua casa sull'albero.
Giocavi.

Mi dicevi che sul davanzale
avevi posato tutta la tua roba amara
da gettar via uno di questi inverni.

Il crepuscolo rosa sorrideva
alle tue gambe brune e al mio vestito vecchio.

Assente e visionario come sempre,
dicevi di avere avuto un figlio
da una donna che ancora dovevi incontrare.

Tenevi gli occhi bassi e andavi,
stavi vicino a me,
poi mi lasciavi.
Da solo tornavi all'astronave
sul dietro del granaio,
verso la tua inconsistente costellazione,

giocando a lasciarmi indietro di una vita.

Indice

5 - Prefazione
15 - Premessa dell'Autrice
17 - Benny
19 - Un tiro d'arcani
20 - Onorateci e compatiteci
21 - Bertini
24 - Mare vecchio
25 - Che già mi sembra il sole
26 - Thalassa
27 - Enzo Majorca
29 - Francesco
31 - Il senso della neve
33 - Bastava un niente
35 - Un gabbiano, un gatto e un cielo d'arance
37 - Escambrais
39 - 8 marzo 1957
42 - Italian style 1962

45 - L'aria di un trascorso natale
46 - Nella recente sera
48 - Una pasta alla crema
49 - Con piccole gocce di veleno
50 - Un raggio tondo
52 - Casa Micalef
53 - Vicoli dell'Alloro
55 - Un tango a palazzo Mirto
57 - Interno senza vista
59 - Sul mare cieco
61 - Alle nove di sera
62 - Modesti dolori
63 - Manca qualcosa
64 - Fa' che nessuno
65 - Il verso della tortora
66 - Amici
68 - Questa sera di fuoco leggero
70 - L'amore sognato
72 - Un silenzio
73 - Il mio tempo con mamma
74 - C'è come
75 - Mater Matuta
76 - Un bacio negato
77 - Watch it again 1

78 - Watch it again 2
79 - All'asta del pescato
80 - Per un vecchio guascone
81 - Immagine stramba
82 - Povero poeta
83 - Del tutto non so far nulla
84 - Anthony
85 - Liò, Lin Liuccia
87 - Il vino triste dei vecchi
88 - Ada, alla Guilla
89 - Alieno 1

Lulu
Finito di stampare
24 luglio 2019

www.ingramcontent.com/pod-product-compliance
Lightning Source LLC
Chambersburg PA
CBHW061457040426
42450CB00008B/1393